Christiane Köchler-Kröck

Alles über Pferde

Mit Illustrationen von
Milada Krautmann

Hallo, ich heiße Emma.
Und neben mir siehst du mein Shetland-Pony Sheltie.
Wir beide sind die allerbesten Freunde!

Sheltie ist das klügste, aber auch das frechste Pony, das ich kenne. Du glaubst gar nicht, was für spannende Abenteuer wir schon gemeinsam erlebt haben! Die gibt es übrigens auch zum Lesen. Schau mal auf Seite 32 nach.

Jetzt komm aber erst einmal mit! Sheltie und ich wollen dir die spannende Welt der Pferde zeigen. Da gibt es so viel zu entdecken. Du wirst staunen!

Wo leben Pferde? Auf dem Reiterhof

Gehören Pferde auch zu deinen Lieblingstieren? Möchtest du gerne alles über sie wissen? Wo sie leben und wie sie ihren Tag verbringen? Dann komm mit auf den Reiterhof, denn da gibt es so viel zu entdecken …

◀ Das ist ein Stall mit einem eigenen Auslauf. Dieser Auslauf heißt **Paddock**.

◀ Eine Box mit Blick nach draußen nennt man **Außenbox**.

▲ Hier siehst du, wie die Kinder mit dem **Hofhund** spielen. Er bewacht Menschen und Pferde auf dem Reiterhof.

Auf der **Weide** können Pferde grasen. Gesellschaft und Bewegung mögen sie gerne.

Reiten kann man auf dem **Außenreitplatz** oder in der **Halle**. Wenn es regnet, sind Pferd und Reiter in der Halle schön im Trockenen.

Haflinger oder Norweger? Ponyrassen

Ponys gibt es in vielen Rassen und Größen. Siehst du das kleine Shetti mit den lustigen Augen? Und den Haflinger mit der blonden Mähne? Sie sehen ganz verschieden aus, aber sie gehören alle beide zu den Ponys.

Fanny kommt aus England und ist ein **Welsh-Pony**. Es wird in vier verschiedenen Größen gezüchtet. ▼

▲ Das ist Felix, ein **Shetland-Pony**. Von den Shetland-Ponys stammt das kleinste Pony ab: das Falabella Pony.

▲ Lady gehört zur Rasse der **Deutschen Reitponys**. Reitponys sind sehr vielseitig und auch als Turnierponys beliebt.

Tipsy ist ein **Tinker-Pony**. Man erkennt sie an dem lustig gescheckten Fell. Tinker-Ponys gelten als besonders brav. ▼

▲ Ole, das Fjordpferd, stammt aus Norwegen und heißt deshalb auch **Norweger**. Er ist sehr kräftig, seine Mähne und sein Schweif sind zweifarbig – hell und schwarz.

Fürst Enzian ist ein **Haflinger**. Diese Rasse stammt aus Tirol. Haflinger haben immer rotbraunes Fell, eine blonde Mähne und einen blonden Schweif. ▶

Westernpferd oder Araber? Pferderassen

Zum Reitenlernen sind manche Pferde für Kinder zu groß. Wie bei den Ponys gibt es auch bei den Pferden sehr viele verschiedene Rassen. Hier siehst du einige der bekanntesten.

Corso ist ein **Holsteiner**. Er gehört damit zu den **Deutschen Warmblütern**, die bei Turnieren auf der ganzen Welt sehr erfolgreich sind. ▼

◀ Speedy ist ein **Englisches Vollblut**. Das ist eine speziell für Rennprüfungen gezüchtete Rasse.

▲ Herbstfee ist ein **Trakehner**. Trakehner sind eine edle und sehr alte Rasse.

Ali Baba ist ein **Arabisches Vollblut**. Diese Rasse stammt ursprünglich aus der Wüste und ist besonders ausdauernd. ▶

▲ Magic ist ein **Quarterhorse** und gehört zur Rasse der Westernpferde. Ursprünglich waren dies die Pferde der Cowboys.

Meike ist ein **Kaltblut**. Alle Kaltblüter haben starke Muskeln. Früher leisteten sie die schwere Arbeit in Feld und Wald. ▼

Braun oder gescheckt? Die Fellfarben

Hat dein Lieblingspferd vielleicht weißes, silbern glänzendes Fell? Oder ist es braun wie Schokolade? Ob weiß, braun oder gescheckt – Pferde können ganz verschiedene Fellfarben haben. Hier lernst du, wie sie bezeichnet werden.

◀ Joe und Mike sind **Schecken**. Schecken haben dunkle Flecken im Fell, die verschieden groß sein können.

▲ Tarzan und sein Bruder sind **Rappen**. Rappen erkennt man daran, dass sie immer ganz schwarzes Fell haben. Auch Mähne und Schweif sind schwarz.

▲ Olga ist ein **Falbe**. Falben haben helles, gelbliches Fell. Mähne und Schweif sind meist schwarz. Den dunklen Strich auf dem Rücken nennt man **Aalstrich**.

▲ Sieht Foxy nicht toll aus? Er ist ein **Fuchs**. Füchse haben rötlich-braunes Fell. Mähne und Schweif haben dieselbe Farbe oder sind heller.

Bessi ist ein **Schimmel**. Hast du gewusst, dass Schimmel meist dunkel geboren werden? Mit jedem Jahr, das sie älter werden, wird ihr Fell ein bisschen heller. ▶

◀ Toni ist ein **Brauner**. Sein Fell ist braun, Mähne und Schweif sind schwarz.

Ein Stern auf der Stirn? Die Abzeichen

Was ist denn das da für eine weiße Stelle auf der Stirn? Ist dir schon aufgefallen, dass die weißen Flecken an einem Pferdekopf ganz unterschiedlich aussehen können? Man nennt sie Abzeichen. Abzeichen gibt es nicht nur am Kopf, sondern auch an den Beinen.

◀ Die **Blesse** reicht von der Stirn bis in die Gegend der Nüstern.

Wenn der weiße Fleck zwischen den Nüstern sitzt, heißt er **Schnippe**. ▼

Ein kleiner weißer Fleck auf der Stirn wird **Flocke** genannt. ▼

Hier läuft das Abzeichen spitz nach unten aus. Das nennt man einen **Keilstern**. ▼

Diese beiden haben zwei weiße Abzeichen an den Beinen. ▶

Nase oder Nüstern? Der Pferdekörper

In vielen Reitställen gibt es Schautafeln, die den Körper eines Pferdes beschreiben. Hier lernt man zum Beispiel, dass der Huf des Pferdes mit unserem Finger vergleichbar ist. Oder dass man die Nase eines Pferdes Nüstern nennt.

▲ Nur eine Stunde nach der Geburt kann ein Fohlen schon stehen und trinkt Milch bei seiner Mutter.

◀ So liegt ein Fohlen im Bauch der Mutter. Es hat die Beine angezogen. Bei der Geburt dreht es sich und kommt mit den Vorderfüßen zuerst zur Welt.

Am Widerrist wird mit einer Messlatte die **Widerristhöhe** bestimmt. Die Widerristhöhe, auch Stockmaß genannt, gibt an, wie groß ein Pferd ist. ▶

Ärgerlich oder freundlich? Pferde verstehen lernen

Diese Drei scheinen sich wirklich zu mögen! Aber woran erkennst du, ob ein Pferd dich mag? Oder ob es gerade wütend ist? Pferde können natürlich nicht sprechen wie du, aber sie haben eine sehr deutliche Körpersprache. Um sie zu verstehen, musst du ein aufmerksamer Beobachter sein.

◀ Etwas **beunruhigt** ist diese Mutter mit ihrem Fohlen. Ihre Augen sind ganz groß, die Nüstern gebläht und die Ohren gespitzt.

Diese beiden blicken freundlich und **gelassen**. Die Ohren sind gespitzt. ▶

▲ Dieses Pferd **döst** gerade vor sich hin. Die Unterlippe hängt herunter, der Kopf ist gesenkt.

▲ So schön ist Schmusen! Das Pferd sieht ganz **entspannt** aus. Die Augen sind halb geschlossen.

▲ Vorsicht! Dieses Pferd ist **wütend**. Die Ohren sind nach hinten angelegt.

Nein, dieses Pferd lacht nicht! Das Aufstülpen der Oberlippe bezeichnet man als **Flehmen**. Hier riecht gerade etwas besonders interessant. ▶

Box oder Weide? So wohnen Pferde

Auf der Weide fühlen Pferde sich am wohlsten. Je mehr Licht, frische Luft und Pferdegesellschaft, desto besser! Pferde sind nämlich Herdentiere. Und sie sind Lauftiere. Auf der Weide haben sie genügend Platz, um sich zu bewegen.

Das ist ein **Offenstall. Robustpferde**, besonders widerstandsfähige Pferde, leben hier das ganze Jahr und haben immer Bewegung und frische Luft. ▼

▲ In einem Stall mit **Paddock** können Pferde auch Kontakt zu ihren Nachbarn aufnehmen.

Das ist eine **Selbsttränke**. Das Wasser fließt, wenn das Pferd mit dem Maul den Hebel in der Schale herunterdrückt. ▼

Die **Außenbox** ist ein Zimmer mit Ausblick. Und frische Luft gibt es auch. ▼

▲ Ein Pferd braucht immer einen **Salzleckstein**, damit es gesund bleibt.

◀ Der **Futtertrog** muss immer sauber sein. Übrig gebliebenes Futter wird entfernt. So wird das Pferd nicht durch verdorbene Futterreste krank.

Alles sauber und frisch? Das Ausmisten

Die Box sollte jeden Tag ein bis zwei Mal ausgemistet und, falls nötig, frisch mit Stroh eingestreut werden. Während dieser Zeit steht das Pferd draußen. Denn beim Arbeiten in der Box wird viel Staub aufgewirbelt, und davon kann ein Pferd krank werden.

◀ Zum Misten braucht man eine Schubkarre und eine Mistgabel.

Mit der Mistgabel werden die Pferdeäpfel aufgesammelt. Dann wird das nasse Stroh entfernt. ▶

▲ Mit der Schubkarre werden das verschmutzte Stroh und die Pferdeäpfel zum Misthaufen gefahren.

In der Scheune wird frisches Stroh mit der Gabel aufgeladen. ▶

Jetzt wird das Stroh in die Box eingestreut. Man muss auch kontrollieren: Funktioniert die Tränke? Ist der Futtertrog sauber? ▼

Zum Schluss wird noch die Stallgasse gefegt. ▼

Ein Leckerli? Verschiedene Futterarten

Hmm, so ein Butterbrot mit Schinken schmeckt gut. Für ein Pferd wäre das viel zu wenig. Und Butter und Schinken mag es natürlich überhaupt nicht, schließlich sind Pferde Pflanzenfresser. Weißt du eigentlich, was Pferde zu fressen bekommen?

◀ Normalerweise werden Pferde zweimal am Tag gefüttert. Die Art und die Menge des Futters hängen davon ab, wie viel das Pferd körperlich leistet.

Hafer braucht ein Pferd, wenn es sich körperlich anstrengt. Daher wird Hafer auch als **Kraftfutter** bezeichnet. ▶

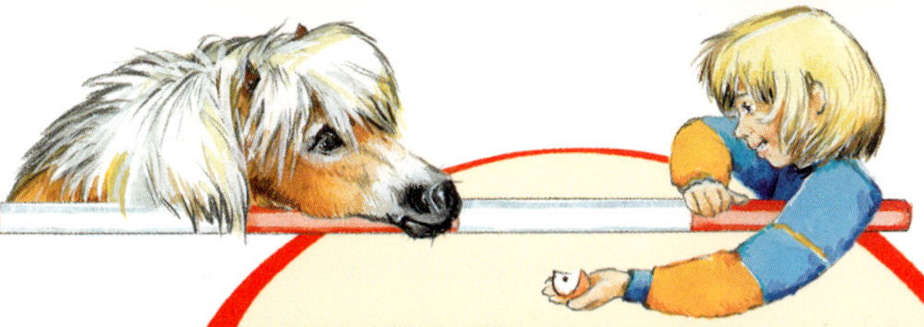

Pferdeleckerlis kann man kaufen oder selber backen. Meine Mutter hilft mir immer dabei. Und Sheltie weiß: Leckerlis gibt es nur zur Belohnung!

Frisches Gras, oder getrocknet als Heu, wird auch **Grundfutter** genannt. Davon brauchen Pferde eine ganze Menge. ▶

Rezept für das leckerste Pferdeleckerli

Zutaten: 200 Gramm Vollkornweizenmehl oder Weizenschrot
250 Gramm Zuckerrübensirup
150 Gramm Haferflocken
2 Esslöffel Wasser

Vermische alle Zutaten und knete sie ganz fest durch. Dann nimm immer ein kleines Stück von der Masse und forme runde Plätzchen. Anschließend legst du sie auf ein Backblech mit Backpapier. Bei 180 Grad (im Elektroherd) sind die Plätzchen in etwa zehn Minuten fertig! Fertig sind die leckersten Pferdeleckerli!

◀ Statt reinem Hafer gibt es auch fertige Kraftfuttermischungen. Diese Mischung heißt **Müsli**.

▲ Äpfel und Karotten sind gesund. Füttere sie mit der flachen Hand. Damit das Pferd rundum versorgt ist, bekommt es noch **Mineralfutter**.

Sauber von Kopf bis Huf? Die Pferdepflege

Weißt du, wie das Fell eines Pferdes wieder sauber wird? Es kann natürlich nicht wie du unter die Dusche gehen. Sein Fell muss mit Striegel und Bürste gesäubert werden. Du kannst dabei dein Pferd besser kennen lernen – und dein Pferd dich.

▼ Zuerst werden die Hufe ausgekratzt und von Mist, Erde oder Steinchen befreit. Stell dich mit dem Rücken zum Pferd und streiche an seinem Bein entlang. Die meisten Pferde geben dir dann von selbst den Huf.

Zum Putzen wird das Pferd aus der Box gebracht und an einem stabilen Ring oder Balken angebunden. Lass den Strick nicht zu lang, damit es sich nicht verheddert. ▶

▶ Halte den Huf mit der einen Hand fest und kratze mit der anderen den Dreck aus. In der Mitte des Hufs siehst du ein Dreieck, den **Hufstrahl**. Ihn lässt du aus, denn dort sind Pferde empfindlich.

▲ Mit einem weichen **Schwamm** werden die Nüstern ausgewischt.

▲ Gebürstet wird immer *mit* dem **Fellstrich**. Also in die Richtung, in der die Haare liegen. Mit der **Bürste** wird zunächst der grobe Schmutz entfernt. Mit der feineren **Kardätsche** wird nachgearbeitet.

◀ Zum Schluss wird die Mähne gekämmt und der **Schweif verlesen**. Das heißt, die Haare werden mit der Hand sorgfältig entwirrt. Sei vorsichtig, denn Schweifhaare brauchen Jahre, um nachzuwachsen.

Wo riecht es nach Leder? In der Sattelkammer

Was es in der Sattelkammer wohl alles zu entdecken gibt? Hier befindet sich die Ausrüstung, die du zum Reiten und zur Pferdepflege brauchst. Damit nichts verwechselt wird, stehen die Namen der Pferde an der Wand.

▲ Jedes Pferd hat sein eigenes **Zaumzeug** und seinen eigenen **Sattel**. Er muss passen, damit das Pferd keine Druckstellen bekommt – das ist so ähnlich wie bei deinen Schuhen.

Satteldecken werden unter den Sattel gelegt. Sie schützen ihn vor dem Pferdeschweiß. Die Reiter können in der Sattelkammer auch ihre **Putzkästen**, Reithelme und Reitstiefel aufbewahren.

Diese beiden sind stolz auf ihre Reithosen, Reitstiefel, Reithelme und Handschuhe. ▼

Der **Sattel** ist meist aus Leder. Er muss regelmäßig gereinigt und gepflegt werden, damit er lange hält. ▼

So sieht das **Zaumzeug**, am Kopf des Pferdes aus. Die **Zügel** sind die Verbindung vom Pferdemaul zur Hand des Reiters. Die **Gamaschen** schützen die Beine des Pferdes. ▶

Diesen Teil des Zaumzeugs, das **Gebiss**, hat das Pferd im Maul. Das Gebiss muss nach jeder Reitstunde gewaschen werden. ▶

Auf einem Reiterhof begegnest du natürlich nicht nur Pferden und anderen Tieren, sondern auch vielen Menschen. Was tun sie alle hier?

Die **Reitanfänger** sitzen nicht nur auf dem Pferd. Der Reitlehrer erklärt ihnen noch viele Sachen rund ums Pferd – das ist dann fast wie in der Schule. ▼

▲ Der **Reitlehrer** unterrichtet einen Reitschüler. Er führt das Pferd an einer langen Leine. So fängt jeder an, der reiten lernen will.

▲ Der **Pferdepfleger** macht die Boxen sauber und füttert die Pferde.

Der **Hufschmied** fehlt auf keinem Reiterhof. Er kommt regelmäßig, um die Hufe der Pferde und Ponys zu pflegen. Manche bekommen auch neue Hufeisen. ▼

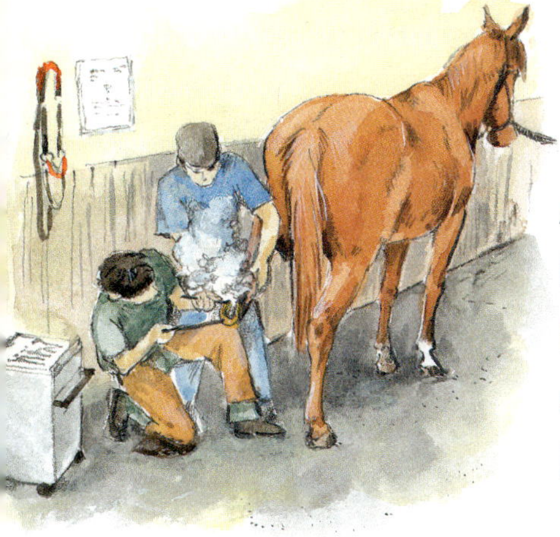

Dieses **Pflegemädchen** darf das Pferd pflegen, weil der Besitzer zum Beispiel selbst nicht genügend Zeit hat. ▼

Auch dem **Tierarzt** begegnet man auf dem Reiterhof. Er kommt sofort, wenn ein Pferd krank ist. ▶

▲ Diese beiden pflegen und reiten ein Pferd gemeinsam. Sie teilen sich auch die Kosten dafür. Das nennt man **Reitbeteiligung**.

Tür frei? In der Reithalle

Warst du schon einmal in einer Reithalle und hast dort dem Unterricht zugeschaut? Würdest du gerne wissen, was die Reitschüler alles lernen? Und welche drei Gangarten der Pferde es gibt? Dann komm mit!

Bevor man in die Halle geht, ruft man: „**Tür frei**?“ So vermeidet man, die anderen Reiter zu stören. Wenn aus der Halle die Antwort kommt: „Tür ist frei!“, darf man mit dem Pferd die Halle betreten. ▶

Die **Reithalle** ist groß und hell. In dem Spiegel an der Wand können die Reiter ihre Körperhaltung auf dem Pferd kontrollieren.

▲ Dieses Pferd geht im **Schritt**, der langsamsten Gangart. Es läuft an einer langen Leine, der **Longe**. So fühlt man sich als Anfänger sicherer. Wichtig ist, aufrecht zu sitzen und die Fersen tief zu halten.

Wenn ein Reiter in einem festen Takt immer wieder aus dem Sattel aufsteht, dann heißt das **Leichttraben**. Wenn man während des Trabs sitzen bleibt, heißt das **Aussitzen**. ▼

▲ Das ist die schnellste Gangart: der **Galopp**.

Alles wie immer? Ein ganz normaler Tag

Würdest du nun gerne wissen, wie ein Tag im Leben eines Pferdes aussieht? Das hängt natürlich von seinem Alter ab und wie es untergebracht ist. Wichtig für alle Pferde ist, dass sie einen geregelten Tagesablauf haben. Sie mögen es, wenn sie immer zur selben Zeit ihr Futter bekommen, auf die Weide dürfen oder geputzt werden. Pferde sind eben Gewohnheitstiere.

Endlich Frühstück!
Es gibt Heu, Kraftfutter, Mineralfutter und ein paar Äpfel. ▼

▲ Die Pferde dürfen auf die Weide. Grasen, spielen, sich wälzen – das ist herrlich! In der Zwischenzeit werden die Boxen ausgemistet.

▲ Die Reitstunde naht. Die Pferde werden geputzt und gesattelt. Von 15 bis 17 Uhr bewegen sie sich im Reitunterricht.

▲ Nach der Reitstunde wird abgesattelt. Nun wird das verklebte Fell aufgebürstet, die Hufe werden erneut ausgekratzt, damit sich auch nicht das kleinste Steinchen festsetzen kann.

Um 19 Uhr ist es Zeit zum Abendfressen. Jetzt gibt es besonders viel Heu, damit die Pferde bis zum nächsten Morgen genug zu knabbern haben. ▼

▲ Es ist Ruhe eingekehrt im Stall. Die Pferde dösen vor sich hin. Dazu können sie auf nur drei Beinen stehen – ein Hinterbein knicken sie ein und entlasten es damit. Manche liegen auch im Stroh, schlafen und träumen – vielleicht von dir?

Umschlaggestaltung von Atelier Reichert, Stuttgart, unter Verwendung von Illustrationen von Milada Krautmann

Text: Christiane Kächler-Kröck
Illustrationen: Milada Krautmann

Bibliografische Information der Deutschen Bibliothek
Die Deutsche Bibliothek verzeichnet diese Publikation in der Deutschen Nationalbibliografie; detaillierte bibliografische Daten sind im Internet über http://dnb.ddb.de abrufbar.

Dieses Buch folgt den Regeln der neuen deutschen Rechtschreibung

Gedruckt auf chlorfrei gebleichtem Papier

1. Auflage 2005

ISBN 3-440-09982-2
Redaktion: Ina Pfitzer
Layout: Walter Typografie & Grafik GmbH, Würzburg
Produktion: Ralf Paucke
Printed in Germany / Imprimé en Allemagne